RÉPONSE

AUX QUESTIONS

SUR

LES TRAVAUX QUI S'EXÉCUTENT

DANS LES CARRIÈRES

SOUS PARIS ET LES ENVIRONS.

RÉPONSE
AUX QUESTIONS

SUR

LES TRAVAUX QUI S'EXÉCUTENT

DANS LES CARRIÈRES

SOUS PARIS ET LES ENVIRONS;

Par C. A. GUILLAUMOT,

ARCHITECTE, Inspecteur-général de ces travaux, Administrateur de la Manufacture nationale des Gobelins, Membre du Lycée des arts et de la Société libre des sciences, lettres et arts de Paris;

LUES DANS LES SÉANCES PARTICULIÈRES DE CES SOCIÉTÉS.

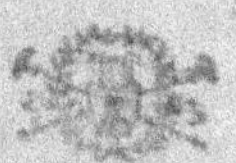

A PARIS,

DE L'IMPRIMERIE DE H. L. PERRONNEAU, RUE DU BATTOIR, N°. 8.

AN X.

RÉPONSE

AUX QUESTIONS

SUR

LES TRAVAUX QUI S'EXÉCUTENT

DANS LES CARRIÈRES

SOUS PARIS ET LES ENVIRONS.

~~~~~~~~

Peu de personnes ignorent qu'une partie de Paris et des environs, repose sur des fouilles d'anciennes carrières, dont l'exploitation remonte à plusieurs siècles, et que depuis 25 ans, le Gouvernement déterminé par plusieurs accidens graves, fait travailler à consolider ces excavations ; mais beaucoup de ces personnes paroissent douter de l'urgente nécessité de ces travaux, et demandent quel en est l'objet ? Combien il en coûtera pour les terminer ? Quel sera leur
~~~~~~~~

durée pour les porter à leur perfection ? et s'il ne suffiroit pas lorsqu'un affaissement se forme , de le com-
bler avec des terres ou des gravois ?

D'autres, en admettant la nécessité de mesures
plus efficaces , pensent qu'il est inutile de chercher
à découvrir des dangers inconnus , et qu'il suffiroit
d'attendre les événemens pour y porter remède.

Dans cette variété d'opinions , il m'a paru utile de
fixer les idées par un court exposé de ces travaux ,
sur lesquels j'ai publié en l'an 5 , un mémoire dont
l'objet principal étoit non-seulement de faire connoître
les dangers qui les nécessitent , mais encore , que le
système d'après lequel ils se dirigent , a été approuvé
par des constructeurs de la plus grande expérience ;
qu'ainsi on peut y prendre confiance.

Il faut d'abord se rappeller qu'avant 1777 , les
temples, les palais, les maisons d'habitation, et les
voies publiques de plusieurs quartiers de Paris et des
environs , étoient prêts à s'abîmer dans des gouffres
immenses, par leur profondeur comme par leur
étendue.

Ces excavations ne communiquoient pas alors entre
elles ; c'étoient plusieurs grandes portions d'anciennes
carrières abandonnées, qu'on a réunies depuis, autant
qu'il a été possible, par des galeries, afin de pouvoir
se porter facilement par - tout où la surveillance
l'exige.

Pendant ces opérations préliminaires, plusieurs efondremens subits et imprévus, ont fait connoître que le danger étoit pressant, et qu'il étoit tems d'y porter remède. La levée des plans de ces souterreins, sur lesquels on a rapporté les édifices de la superficie, a démontré que ces excavations s'étendent sous différentes portions de terrein, dans le seul département de la Seine, du nord au midi, depuis Pierrefitte, jusqu'à Antoni, et du levant au couchant, depuis Créteil jusqu'à Nanterre, en passant sous les principales rues, monumens et maisons d'habitation, des faubourgs Saint-Germain, Saint-Jacques et Saint-Marcel de la commune de Paris.

L'objet des travaux dans ces carrières, est de consolider les rues, les chemins et les monumens publics, sous cette vaste étendue de terrein.

De grandes constructions ont été faites dans ces souterreins depuis 25 ans ; mais les besoins impérieux nécessités par la guerre, ayant exigé des retranchemens considérables sur les fonds destinés à ces travaux, leur activité a été ralentie, et il en reste encore beaucoup à faire dans les parties connues, sans ce que les recherches découvriront successivement dans les parties occultes.

Le système suivant lequel ces travaux se dirigent, a été détaillé dans le mémoire précité ; mais je crois devoir rappeller ici, qu'il consiste à percer sous la

A 4

direction des voies publiques, des galeries qui font découvrir les excavations, lorsqu'il y en a, et qui ras-
surent sur la solidité de la superficie, lorsque la masse
de pierre est intacte. Dans ce dernier cas, les pierres
et moëlons provenant du percement des galeries, servent à la construction de la maçonnerie dans les parties excavées ; ainsi rien n'est perdu, ni inutile dans
cette opération, comme on pourroit le penser.

Pour pouvoir faire les constructions nécessaires,
et en surveiller la conservation en tout tems, il
faut que leur emplacement soit d'un facile accès ; c'est
pourquoi les galeries qu'on perce sous chaque côté de
la voie publique, doivent avoir une largeur suffisante
pour le passage des brouettes qui servent au transport
des matériaux employés à ces constructions, et on
y ménage de distance à autre, des galeries transver-
sales, pour pouvoir communiquer des deux côtés,
et passer de l'une à l'autre galerie longitudinale. L'in-
tervalle entre chaque transversale, est soutenu par
une grande quantité de piliers formés de morceaux
de pierres élevés à bras d'hommes, et posés à sec les
uns sur les autres, qu'on nomme par cette raison
piliers à bras. Les vides entre tous ces piliers, sont
ensuite remblayés par un bourage fait avec des terres,
recoupes, décombres et autres matériaux, de ma-
nière que ces espaces forment des massifs contenus
par quatre murs hermétiquement remplis, et qu'il

ne peut se former aucun affaissement dangereux sous la voie publique.

On est quelquefois obligé de s'écarter de la ligne droite dans le percement des galeries longitudinales ; c'est lorsqu'on rencontre des terres amoncelées, provenant de la formation d'une *cloche*. Celles-ci sont provoquées par la rupture, ou l'exfoliation du ciel de la carrière, accident qui est ordinairement occasionné par quelqu'infiltration d'eau. Les terres au-dessus du ciel exfolié ou rompu, tombent après, et laissent à leur place un enfoncement, d'abord peu considérable, mais qui augmente successivement de hauteur et de diamètre, en prenant la forme d'un cône, et c'est ce vide que les carriers nomment *cloche*, parce qu'il en a la figure.

Lorsque ces terres en tombant, trouvent dans le bas quelqu'obstacle qui les empêche de rouler au loin dans le vide de la carrière, elles s'arrêtent et s'amoncèlent jusqu'au ciel, et empêchent qu'on ne voye le vide de la *cloche*. Il y auroit alors du danger à la traverser, parce qu'en enlevant les terres du bas, l'introduction et la circulation de l'air, pourroit provoquer et hâter le percement de la *cloche* au sommet. On préfère dans ce cas de l'entourer, et de la cerner avec de la maçonnerie, pour contenir les terres tombées, et arrêter de nouveaux éboulemens, et l'on fait circuler la galerie longitudinale , jusqu'à ce qu'on puisse reprendre sans danger la ligne droite.

Enfin , quand rien ne s'oppose au progrès de l'agrandissement d'une *cloche* , son sommet s'élève insensiblement , jusqu'à ce que parvenu aux terres légères , celles-ci tombant de plus haut avec abondance , elles s'écartent davantage ; la *cloche* devient d'une étendue et d'une hauteur effrayante , et arrivant près de la surface , elle perce , et prend la forme d'un entonnoir ou cône renversé , dont les bords s'élargissant successivement , entraînent dans le gouffre au-dessous tout ce qui se trouve dans son diamètre. L'ouverture qui se fait au sommet de la *cloche* , forme un précipice qu'on nomme *fontis.*

Les effets des *fontis* présentent des dangers d'autant plus grands , qu'on ne peut presque jamais les prévoir ni les prévenir , et les cultivateurs dans leurs champs , sont exposés aux mêmes risques que les voyageurs sur les chemins , et les passans sur les rues.

Le percement d'un *fontis* est presque toujours suivi de plusieurs autres dans le voisinage. Le vide que forme cette ouverture , donne lieu de proche en proche à un relâchement des terres , comme il arriveroit aux voussoirs d'une voûte , si on en arrachoit un claveau ; relâchement qui provoque de nouveaux *fontis* , s'il se trouve des *cloches* à proximité. On conçoit donc combien il importe de rechercher l'existence de ces *cloches*, qu'on peut souvent percer par le haut, si elles se trouvent placées sous des cours ou sous des jardins, et qu'on comble ensuite avec des terres ou des gravois ; mais qu'il faut remplir par-dessous à la hotte et par banquettes, si elles sont situées au-dessous, ou fort près de quelques bâtimens.

Lorsqu'au moyen du percement des galeries, un vide se découvre, on étaye provisoirement avec de la charpente, le ciel de la carrière au pourtour ; ensuite on double de précautions en élevant des *piliers à bras* sous les espaces vides ; enfin, on établit de la maçonnerie solide sous les murs de face des bâtimens construits à la superficie. Quelquefois on est obligé de renfermer dans cette maçonnerie les *piliers à bras* qui se trouvent dans l'alignement. D'autres fois, on les démolit à mesure de l'avancement de la maçonnerie solide. Dans tous les cas, il faut enlever les étais de charpente ; souvent il faut passer sous des ciels tombés ; quelquefois il faut enlever ces pierres tombées, au risque d'écraser ou de blesser les ouvriers, les conducteurs et les inspecteurs, par la chute des parties fracturées restées au plafond. Ces dangers augmentent considérablement, lorsqu'on rencontre des doubles carrières, c'est-à-dire deux exploitations l'une sur l'autre, dont le plancher de la carrière supérieure sert de plafond à l'inférieure. Enfin, lorsque pour les constructions on ne trouve point de pierre disponible dans la carrière, il faut en introduire du dehors, par des trous de service, ainsi que la chaux, le sable, les bois pour les étais, etc. etc. souvent à des distances fort éloignées des travaux, quand les localités ne permettent pas de multiplier ces trous de service, qui d'ailleurs augmentent la dépense. Il faut ensuite transporter ces matériaux à la brouette, au lieu de leur emploi, presque toujours par des chemins sinueux et fort alongés ; et ce transport, ainsi que tous les travaux de l'intérieur des carrières, ne peut se faire qu'à la lumière.

On voit par ces détails que la nature de ces travaux ne permet pas d'en faire d'avance un devis de construction, ni une estimation préalable. Ils varient à chaque pas. Il faut nécessairement y apporter une grande expérience et une grande surveillance.

On peut comparer le danger des carrières à celui d'un incendie qui couve sous les décombres de vastes édifices, dont les communications sont coupées par des chutes de planchers ou autres matériaux, et dont le feu éclate tantôt dans un lieu, tantôt dans un autre. Il faut tenir des pompes toujours prêtes et des pompiers pour se porter aux endroits les plus pressés, en se frayant un chemin à travers les obstacles les plus difficiles à surmonter, pour prévenir les effets du feu caché, ou pour éteindre celui qui se manifeste. De même, pour parer aux dangers des carrières, il faut avoir toujours, et souvent la nuit comme le jour, des ouvriers intelligens et intrépides en activité; des ingénieurs pour les guider, et des inspecteurs pour diriger et surveiller le travail, à travers les *cloches* et les *fontis*; car, comme je l'ai dit dans le mémoire précité, il n'en est pas de ces travaux comme des autres constructions. On peut suspendre ceux d'un temple, d'un palais, ou de tout autre édifice; avec quelques précautions, on peut garantir de dégradations les parties commencées et non achevées de ces bâtimens; mais on ne peut apporter aucun retardement au soutien d'un édifice, ou d'une voie publique portant sur le ciel fracturé d'une carrière, ni au comblement d'une *cloche* prête à percer à la superficie, sous peine de voir engloutir l'édifice, le chemin, les voyageurs, les cultivateurs et les habitans. La réparation de toutes les parties excavées n'est pas, il est vrai, également urgente; mais il faut une surveillance continuelle répandue sur tous les points excavés, et l'étendue, comme on voit, en est considérable. Vouloir prévoir ce qu'il en coûtera pour tout réparer, est une chimère, ainsi que de fixer la durée de ces travaux. C'est le mal de plusieurs siècles, pour la réparation duquel il faut beaucoup d'années.

Enfin, quand tout sera réparé, et il ne faut pas se dissimuler que ce ne sera pas de longtems, il faudra encore entretenir à perpétuité en bon état les ouvrages faits, lesquels, comme tout travail de mains d'hommes, seront sujets à dégradation; et il faudra aussi entretenir une surveillance également perpétuelle sur les exploitations actuelles et futures , afin de prévenir le renouvellement de ce mal. Sans doute il n'en coûtera pas autant pour cet entretien et cette surveillance, que pour les constructions et réparations actuelles ; mais il faut regarder une dépense quelconque pour les travaux des carrières, comme une charge aussi constante , aussi durable que celle de l'entretien des routes , des ponts et des monumens publics ; c'est-à-dire , tant que le sol sur lequel se trouvent ces routes, ces ponts et ces monumens sera habité.

Ce qu'il est essentiel de savoir pour la tranquillité des citoyens, c'est que cette surveillance existe ; que le Gouvernement a assigné un fonds suffisant pour soutenir l'activité des travaux , et arrêter les progrès de tous les dangers qui peuvent se manifester inopinément, et qu'il connoît trop l'importance de cette surveillance continuelle, pour la laisser perdre de vue un seul instant.